BEI GRIN MACHT SICH IHR
WISSEN BEZAHLT

- Wir veröffentlichen Ihre Hausarbeit,
  Bachelor- und Masterarbeit

- Ihr eigenes eBook und Buch -
  weltweit in allen wichtigen Shops

- Verdienen Sie an jedem Verkauf

Jetzt bei www.GRIN.com hochladen
und kostenlos publizieren

Das Psychotherapeutengesetz. Ein Überblick der Zulassungsvoraussetzungen für die Ausbildung zum/-r Psychologischen PsychotherapeutIn

Victoria Resino

Bibliografische Information der Deutschen Nationalbibliothek:

Die Deutsche Nationalbibliothek verzeichnet diese Publikation in der Deutschen Nationalbibliografie; detaillierte bibliografische Daten sind im Internet über http://dnb.d-nb.de abrufbar.

ISBN: 9783346574862
Dieses Buch ist auch als E-Book erhältlich.

© GRIN Publishing GmbH
Nymphenburger Straße 86
80636 München

Druck und Bindung: Books on Demand GmbH, Norderstedt Germany
Gedruckt auf säurefreiem Papier aus verantwortungsvollen Quellen

Das vorliegende Werk wurde sorgfältig erarbeitet. Dennoch übernehmen Autoren und Verlag für die Richtigkeit von Angaben, Hinweisen, Links und Ratschlägen sowie eventuelle Druckfehler keine Haftung.

Das Buch bei GRIN: https://www.grin.com/document/1165552

Diploma University of Applied Sciences

Hausarbeit

„Das Psychotherapeutengesetz: Ein Überblick der Zulassungsvoraussetzungen für die Ausbildung zum/-r Psychologischen PsychotherapeutIn"

Victoria Resino

27.12.2021

Inhalt

1. Einführung in das Thema und die Arbeit

Psychische Störungen rücken zunehmend in den Fokus der Öffentlichkeit. So zeigen die Zahlen der aktuellen DEGS-Studie (Studie zur Gesundheit Erwachsener in Deutschland), dass die 12-Montats-Prävalenz für psychische Störungen bei etwa 28% liegt (Jacobi et al., 2014). Daher verwundert es nicht, wenn die sogenannte Psychotherapie, also die Behandlung der Seele bzw. seelischer Probleme, stark nachgefragt wird. Daraus ergibt sich eine wachsende Bedeutung für den Beruf des/-r PsychotherapeutIn. Ihm/ihr fällt die Aufgabe zu, solche Erkrankungen zu diagnostizieren und zu behandeln. Wegen der großen Bedeutung der Erkrankungen und um den PatientInnen die Sicherheit zu geben, in professionellen Händen zu sein, hat der Gesetzgeber mit dem Psychotherapeutengesetz ein Gesetz geschaffen, welches Zulassungsvoraussetzungen zum Beruf des/-r PsychotherapeutIn vorgibt sowie seine Ausübung genauer regelt (§§1-13 PsychThG).

Um für eine Ausbildung zum/-r PsychotherapeutIn zugelassen zu werden, müssen bestimmte Voraussetzungen erfüllt werden. Diese sind Gegenstand der vorliegenden Hausarbeit. Im Mittelpunkt steht die Frage, welche Zulassungsvoraussetzungen erfüllt werden müssen, um für den Beruf des/-r Psychologischen PsychotherapeutIn zugelassen zu werden.

Der erste Teil der Arbeit widmet sich dem Psychotherapeutengesetz von Beginn seines Inkrafttretens an. Daran anknüpfend wird die Neufassung des Gesetzes mit Wirkung zum 1. September 2020 vorgestellt. Im zweiten Teil erfolgt eine terminologische Klärung der für die Arbeit relevanten Begriffe. Im dritten Teil stehen die Zulassungsvoraussetzungen für die Ausbildung zum/-r PsychotherapeutIn im Fokus.

Im Anschluss daran soll anhand eines konkreten Gerichtsurteils dargestellt werden, wie die Prüfung der rechtlich geregelten Zulassungsvoraussetzungen für eine Ausbildung als Psychologische Psychotherapeutin im Einzelfall abläuft. Abschließend wird der Inhalt der Arbeit übersichtlich zusammengefasst und diskutiert, vor allem in Hinblick auf die eingangs formulierte Fragestellung.

2. Das Psychotherapeutengesetz

Aufgrund der großen Nachfrage, der langen Wartezeiten und der damit einhergehenden Unzufriedenheit der PatientInnen haben sich unterschiedliche Berufsstände in das Gebiet der Psychotherapie begeben. Für PatientInnen und selbst für ÄrztInnen ist es kaum mehr zu überschauen, über welche Ausbildung und Qualifikation der/die jeweilige Psychotherapie-Praktizierende verfügt.

Da sich die Berufsbezeichnungen zum Teil sehr ähneln, wurde das Psychotherapeutengesetz (PsychThG) im Jahre 1999 eingeführt. Seitdem ist die Bezeichnung „PsychotherapeutIn" gesetzlich geschützt und darf nur von ÄrztInnen, Psychologischen PsychotherapeutInnen sowie Kinder- und JugendlichenpsychotherapeutInnen geführt werden.

In der erläuternden Textausgabe zu dem Gesetz (Behnsen &Bernhardt, 1999, S.48) heißt es, das neue Gesetz habe einen für viele PsychotherapeutInnen unhaltbaren Zustand beseitigt und eine bessere Situation geschaffen, die aber neue und andere Herausforderungen mit sich bringe. Das Gesetz regelt seit 1999 die Ausübung der Psychotherapie durch nichtärztliche PsychotherapeutInnen, also die Psychologischen PsychotherapeutInnen und Kinder- und JugendlichenpsychotherapeutInnen (ebenda, S.55).

Bis zur Einführung des Psychotherapeutengesetzes im Jahr 1999 waren ausschließlich ÄrztInnen dazu befugt, Psychotherapie durchzuführen. Psychologische Psychotherapeuten konnten Patienten nur behandeln, wenn sie durch einen ärztlichen Psychotherapeuten im sogenannten „Delegationsverfahren" dazu zugelassen waren. Die Verantwortung der Therapie lag bei dem/-r ärztlichen PsychotherapeutIn und auch die Abrechnung konnte nur im Rahmen der Kostenerstattung der Kassenärztlichen Vereinigung ablaufen. Auch in der Selbstverwaltung hatten sie kein Mitspracherecht (Nübling, 2009, S. 130-133).

Dadurch war der Beruf und die Stellung der Psychologischen PsychotherapeutInnen und Kinder- und JugendlichentherapeutInnen kein freier Beruf, sondern abhängig von der Delegation durch einen/-r ÄrztIn und damit ein System, das für PsychotherapeutInnen, ÄrztInnen und PatientInnen sehr unbefriedigend war (Nübling, 2009, S.239ff.)

Nach mehreren Jahrzehnten berufspolitischer Kontroversen gelang es, die nicht von ÄrztInnen ausgeübte Psychotherapie in Deutschland, durch Schaffung zweier neuer akademischer Heilberufe, auf eine geeignete gesetzliche Grundlage zu stellen (Behnsen & Bernhardt, 1999, S. 74).

Mit dem Psychotherapeutengesetz wurde eine Absicherung der beruflichen Stellung von Psychologischen PsychotherapeutInnen und von Kinder- und JugendlichenpsychotherapeutInnen erreicht, sodass diese nun nicht mehr, wie in den 20 Jahren vorher, die Erlaubnis nach dem Heilpraktikergesetz einholen mussten, um überhaupt als PsychotherapeutIn selbstständig tätig sein zu dürfen (Behnsen& Bernhardt, 1999, S.50).

Ein weiterer Beitrag des Gesetzes war, dass die Ärzteschaft und die teilweise wenig transparenten Strukturen der kassenärztlichen Versorgung nicht mehr die Definitionsmacht über Psychotherapie, deren Standards und Inhalte von Ausbildungen und über Versorgungsfragen hatten. Durch das Inkrafttreten des Psychotherapeutengesetzes bildeten sich klar geregelte Strukturen von Gremien mit VertreterInnen aller psychotherapeutischen Berufe, die für die Definition von Psychotherapie, von Psychotherapie-Qualität, von Psychotherapie-Ausbildung und von Psychotherapie-Versorgung zuständig sind (ebd., S.52f.).

Ein Gremium bildet der wissenschaftliche Beirat Psychotherapie, welcher die Standards der Ausbildung setzt und durch Ausbildungs- und Prüfungsordnungen normiert. Er wird, wie andere Beiräte, von der Bundesregierung nach Vorschlägen entsprechender Verbände berufen (Kommer& Hoppe, 2003, S.572).

2.1 Entstehung des Psychotherapeutengesetzes

Das Psychotherapeutengesetz verbesserte den Zustand für den Berufsstand der PsychotherapeutInnen, die keine Ärzte sind. Andererseits deuteten die im Jahr 2009 veröffentlichten Studienergebnisse der Universität Jena auf eine mögliche Reformbedürftigkeit des Psychotherapeutengesetzes hin (Strauß et al, 2009). Durch die Bologna-Reform waren die bundesweit gültigen hohen Standards der Hochschulqualifizierung weggebrochen. Ebenfalls erwies sich die Ausbildung in der ambulanten Versorgung als unzureichend. Sie beinhaltete nur einen Teil des breiten psychotherapeutischen Berufsbildes, zu dem auch Tätigkeiten in der stationären Versorgung und anderen Bereichen (beispielsweise die Jugendhilfe oder Sozialpsychiatrie) gehören (ebenda, S. 69f.).

Der größte Kritikpunkt bezog sich auf die meist fehlende Bezahlung während der Ausbildung. Für die „praktische Tätigkeit" gab es weder eine Vergütungsverpflichtung, geschweige denn eine festgeschriebene Vergütungshöhe (Ruggaber, 2003, S. 37f.). So ergab eine Studie von Hölzel (2006), dass mehr als die Hälfte der Befragten kein Gehalt bekamen (S. 232f.).

Auch der Präsident der Bundespsychotherapeutenkammer Dr. Dietrich Munz stellte bei einem Symposium über Anforderungen an eine Reform der psychotherapeutischen Aus- und Weiterbildung fest: „Das Psychotherapeutengesetz ist 1998 ein Meilenstein für die ambulante psychotherapeutische Versorgung gewesen und dennoch muss es reformiert werden" (Drüge & Schladitz, 2016, S. 278).

2.2 Reform des Psychotherapeutengesetzes

Nach 15 Jahren Reformdebatte trat das Gesetz zur Reform der Psychotherapeutenausbildung am 1. September 2020 in Kraft. Dieses Gesetz umfasst zum einen eine Neufassung des Psychotherapeutengesetzes und damit die Neuordnung der Psychotherapieausbildung. Zum anderen umfasst das Gesetz aber auch zahlreiche Neureglungen, die auch bereits approbierte PsychotherapeutInnen betreffen. Die Qualifizierung von PsychotherapeutInnen wurde dahingehend reformiert, dass bereits AbsolventInnen eines Psychologiestudiums nach einer staatlichen Prüfung eine Approbation als PsychotherapeutIn erhalten können. Künftig können Universitäten ein Direktstudium zur Ausbildung in der Psychotherapie anbieten. Es gliedert sich in ein 3-jähriges Bachelor- und ein 2-jähriges Masterstudium (§9 PsychThG).

Die Details des neuen Studiums werden nicht im Gesetz, sondern in einer Approbationsordnung geregelt, die das Bundesministerium für Gesundheit unter Beteiligung der Länder durch Zustimmung des Bundesrates erlässt (Munz, Gott-Klein, & Klein-Heßling, 2020, S.40f.). Die Approbation wird für Master-Absolventen erst nach Bestehen einer staatlichen Prüfung erteilt – dadurch soll die neue Struktur des Studiums mit bundeseinheitlicher Qualitätssicherung für die Ausbildung in einem akademischen Heilberuf verknüpft werden. Aktuelle Psychologiestudierende und PsychologInnen können die TherapeutInnenausbildung nach altem Modell bis zum Jahr 2032 absolvieren (Deutsche Gesellschaft für Psychologie, 2019, o.S.).

Die Reform brachte Neuerungen bezüglich der unzureichenden Vergütung während der Psychotherapeutenausbildung mit sich: Der nach neuem Recht approbierte Nachwuchs muss sich nach abgeschlossenem Studium nicht mehr jahrelang ohne geregeltes Einkommen und ohne ausreichende soziale und rechtliche Absicherung bis zur Approbation zusätzlich ausbilden lassen. (Munz, Gott-Klein, & Klein-Heßling, 2020, S. 42).

PsychotherapeutInnen in Ausbildung sollen künftig während der praktischen Tätigkeit 1 (Psychiatriejahr) eine Praktikumsvergütung von mindestens 1.000 Euro im Monat erhalten. Für die Phase der praktischen Ausbildung sollen sie mindestens 40% der Vergütungen der Ausbildungstherapien bekommen. Die Mindestvergütung wird durch die Krankenkassen refinanziert (Bundesministerium für Gesundheit, 2019, o.S.).

Nach der Verabschiedung der Reform bestehen die größten Herausforderungen jetzt darin, bundesweit ausreichende Studienplatzkapazitäten zu schaffen und rechtzeitig eine Musterweiterbildungsordnung und darauf aufbauend Weiterbildungsordnungen zu verabschieden, nach denen die nach neuem Recht Approbierten in angemessener

Zeit und notwendiger Qualität eine strukturierte Weiterbildung zum/-r FachpsychotherapeutIn absolvieren werden. (Munz, Gott-Klein, & Klein-Heßling, 2020, S.44)

2.3 Definitionen

Nachdem im vorigen Teil der Arbeit ein kurzer Einblick in die Entstehung des Psychotherapeutengesetzes, der neuen Reform sowie dem allgemeinen Inhalt gegeben wurde, wird in diesem Teil der Arbeit näher auf die berufsrechtlichen Regelungen des Gesetzes eingegangen.

2.3.1 Legaldefinition Psychotherapie

Die Legaldefinition des Psychotherapeutengesetzes lautet: „Ausübung von Psychotherapie im Sinne des Gesetzes ist jede mittels wissenschaftlich anerkannten psychotherapeutischer Verfahren vorgenommene Tätigkeit zur Feststellung, Heilung oder Linderung von Störungen mit Krankheitswert, bei denen eine Psychotherapie indiziert ist. [...] Tätigkeiten, die nur die Aufarbeitung oder Überwindung sozialer Konflikte oder sonstige Zwecke außerhalb der Heilkunde zum Gegenstand haben, gehören nicht zur Ausübung der Psychotherapie." (§1 Psychotherapeutengesetz)

Dabei setzt das Psychotherapeutengesetz den Begriff der Heilkunde voraus. Im Psychotherapeutengesetz hat er die Funktion, die Psychotherapie (im Sinne des Psychotherapeutengesetzes) auf die Zwecke der Heilkunde zu beschränken.

2.3.2 Legaldefinition Heilkunde

Der Begriff der Heilkunde dient im Psychotherapeutengesetz dazu, die Psychotherapie auf die Zwecke der Heilkunde zu beschränken. Was genau Heilkunde ist, regelt § 1 Abs. 2 Heilpraktikergesetz mit folgender Legaldefinition: „Ausübung der Heilkunde im Sinne dieses Gesetzes ist jede berufs- oder gewerbsmäßig vorgenommene Tätigkeit zur Feststellung, Heilung oder Linderung von Krankheiten, Leiden oder Körperschäden bei Menschen, auch wenn sie im Dienste von anderen ausgeübt wird."

3. Zulassung zur Approbation

Die Ausbildung zum/-r PsychotherapeutIn wird an staatlich anerkannten Instituten erworben. Wer nach Abschluss der psychotherapeutischen Ausbildung selbstständig als PsychotherapeutIn tätig werden will, braucht dafür eine vom Staat erlassene Genehmigung: eine förmliche Approbation (von lat. Approbatio „Billigung, Genehmigung"). Dies ist im § 1 Abs. 1 PsychThG festgelegt:

(1) Wer die Psychotherapie unter der Berufsbezeichnung „Psychotherapeutin" oder „Psychotherapeut" ausüben will, bedarf der Approbation als „Psychotherapeutin" oder „Psychotherapeut".[...] Die Berufsbezeichnung nach Satz 1 darf nur führen, wer nach Satz 1, Satz 2 oder den Absätzen 5 und 6 zur Ausübung des Berufs befugt ist. Die Bezeichnung „Psychotherapeutin" oder „Psychotherapeut" darf über die Sätze 1 und 2 oder die Absätze 5 und 6 hinaus von anderen Personen als Ärztinnen und Ärzten, Psychologischen Psychotherapeutinnen und Psychologischen Psychotherapeuten sowie Kinder- und Jugendlichenpsychotherapeutinnen und Kinder- und Jugendlichenpsychotherapeuten nicht geführt werden. Ärztinnen und Ärzte können dabei den Zusatz „ärztliche" oder „ärztlicher" verwenden.

Durch die Approbation soll der Gesundheitsschutz der Bevölkerung sichergestellt werden. Wer in Deutschland eine Approbation als PsychotherapeutIn hat, ist zur selbstständigen und eigenverantwortlichen Ausübung von Psychotherapie berechtigt. Unterschieden wird zwischen Psychologischen PsychotherapeutInnen (mit einer für alle Altersgruppen geltenden Approbation) und Kinder- und JugendlichenpsychotherapeutInnen (mit einer Approbation für die Behandlung von Kindern und Jugendlichen bis zum 21. Lebensjahr) (Deutsche Gesellschaft für Systemische Therapie, 2021, o.S.).

3.1 Erteilung der Approbation

Die Erteilung einer Approbation ist an verschiedene Voraussetzungen geknüpft, die sich auf den erfolgreichen Abschluss der Ausbildung als PsychotherapeutIn sowie die persönliche und gesundheitliche Eignung für die Ausübung des Berufs beziehen.

Rechtsgrundlage für die Erteilung der Approbation bildet § 2 Abs. 1 des PsychThG:

(1) Die Approbation als Psychotherapeutin oder Psychotherapeut ist auf Antrag zu erteilen, wenn die antragsstellende Person

1. das Studium, das Voraussetzung für die Erteilung einer Approbation als Psychotherapeutin oder Psychotherapeut ist, erfolgreich absolviert hat und die psychotherapeutische Prüfung nach §10 bestanden hat,

2. sich nicht eines Verhaltens schuldig gemacht hat, aus dem sich die Unwürdigkeit oder Unzuverlässigkeit zur Ausübung des Berufs ergibt,

3. nicht in gesundheitlicher Hinsicht zur Ausübung des Berufs ungeeignet ist und

4. über die für die Ausübung des Berufs erforderlichen Kenntnisse der deutschen Sprache verfügt.

Ebenfalls können PsychotherapeutInnen eine Approbation beantragen, wenn sie die psychotherapeutische Ausbildung außerhalb eines EU-Mitgliedsstaates, eines Europäischen-Wirtschaftsraum-Vertragsstaates (EWR) oder der Schweiz abgeschlossen haben und in Deutschland psychotherapeutisch tätig werden wollen. Festgelegt ist dies im §11 des Psychotherapeutengesetzes.

3.2 Die Psychotherapie-Prüfung

Die Ausbildung zum/-r Psychologischen PsychotherapeutIn schließt mit einer staatlichen Prüfung ab, die von der jeweils zuständigen Landesbehörde abgenommen wird. Ziel der Prüfung ist laut § PsychThG die „Feststellung der für eine Tätigkeit in der Psychotherapie erforderlichen Handlungskompetenzen. Sie umfasst einen schriftlichen und einen mündlichen Teil".

4. Zugangsvoraussetzungen für die Ausbildung zur Psychologischen Psychotherapeutin- ein Fallbeispiel

In diesem Teil der Arbeit wird an die in Kapitel 3 genannten Zulassungsvoraussetzungen für eine Ausbildung als Psychologische/-r PsychotherapeutIn angeknüpft. Es soll anhand eines konkreten Gerichtsurteils dargestellt werden, wie die Prüfung der rechtlich geregelten Zulassungsvoraussetzungen für eine Ausbildung als Psychologische Psychotherapeutin im Einzelfall abläuft.

Zunächst wird der Tenor, also der Kern der gerichtlichen Entscheidung, wiedergegeben. Darauffolgend werden die wichtigsten Punkte des Tatbestands skizziert. Im Anschluss daran werden die Erwägungen, auf denen das Gerichtsurteil beruht, zusammengefasst. Abschließend erfolgt eine kurze Diskussion des Falls.

4.1 Tenor

Der Beklagte wird unter Aufhebung seines Bescheids vom C. (Az.: D. Zugangsqualifikation A.) verpflichtet, festzustellen, dass die Klägerin die Zugangsvoraussetzungen für eine Ausbildung als Psychologische Psychotherapeutin nach § 5 Absatz 2 Satz 1 Nr. 1 c) in Verbindung mit Nr. 1 a) Psychotherapeutengesetz in der bis zum 31.08.2020 geltenden Fassung erfüllt.

4.2 Tatbestand

Laut Verwaltungsgericht Hannover lautet der Tatbestand wie folgt:[1]

Die Klägerin begehrt vom Beklagten die Feststellung, dass sie die Zugangsvoraussetzungen für eine Ausbildung als Psychologische Psychotherapeutin erfüllt.

Sie beantragte beim Beklagten die Prüfung, ob sie die Zugangsvoraussetzungen gemäß § 5 Abs. 2 Psychotherapeutengesetz (PsychThG) für die Ausbildung zum/zur Psychologischen Psychotherapeuten/-therapeutin und zum/zur Kinder- und

---

[1] VG Hannover 17.11.2020, 5 A 2762/19, ECLI:DE:VGHANNO:2020:1117.5A2762.19.00

JugendlichenpsychotherapeutIn in F. erfüllt. Sie legte ein Hochschulzeugnis aus der G. vor, ausgestellt am 11.07.2001 von der H., wonach sie die Qualifikation als Psychologin und Lehrerin für Psychologie erlangt hat. Nach der Bewertung in der ANABIN Datenbank der Zentralstelle für ausländisches Bildungswesen (ZAB) entspricht ein Abschluss als Psychologe/-in und Lehrer/-in einem in Deutschland absolvierten Bachelorabschluss im Studiengang Psychologie.

Mit Bescheid vom C. stellte der Beklagte gegenüber der Klägerin fest, dass sie die Voraussetzungen für den Zugang zu einer Ausbildung als Psychologische Psychotherapeutin nach §5 Abs. 2. Satz Nr 1 a) PsychThG nicht erfülle. Grund dafür sei, dass das von ihr in der G. abgeschlossene Hochschulstudium der Psychologie nicht einer in Deutschland an einer Universität oder gleichstehenden Hochschule bestandenen Abschlussprüfung im Studiengang Psychologie entspreche. Ebenfalls entspreche das von der Klägerin erworbene Diplom nach der Bewertung der ZAB lediglich dem deutschen Bachelorabschluss, sodass formal keine Gleichwertigkeit mit einem in Deutschland erlangten Studienabschluss im Studiengang Psychologie vorliege.

Die Klägerin hat Klage gegen den Bescheid vom C. erhoben, mit dem ihr der Zugang zu einer Ausbildung als Psychologische Psychotherapeutin verwehrt wird. Sie begründet ihr Vorgehen damit, dass sie ein Hochschulstudium der Psychologie vorweisen könnte, welches gleichwertig zu einem abgeschlossenen Psychologiestudium in Deutschland sei. Der Beklagte hätte deshalb eine Gleichwertigkeitsprüfung vornehmen müssen, wie sich auch aus § 5 Abs. 2 Satz 2 PsychThG ergebe. Ergebnis dieser Prüfung müsste sein, dass ihr in der G. absolviertes Studium mit einem Psychologiestudium in Deutschland vergleichbar sei, weil sich die Ausbildungsbestandteile nicht wesentlich unterscheiden würden. Die Klägerin beantragt, den Bescheid des Beklagten vom C., mit dem sie für die Zugangsqualifikation für eine Ausbildung zur Psychologischen Psychotherapeutin nach § 5 Psychotherapeutengesetz in der bis zum 31.08.2020 geltenden Fassung verneint worden ist, aufzuheben. Ebenfalls beantragt sie, den Beklagten dazu zu verpflichten, festzustellen, dass für sie die Zugangsvoraussetzung nach §5 Absatz 2 Satz 1 Nr. 1 c) in Verbindung mit Nr. 1a) Psychotherapeutengesetz in der bis zum 31.08.2019 geltenden Fassung vorliegen. Der Beklagte beantragt, die Klage abzuweisen.

4.3 Entscheidungsgründe für Gerichtsurteil

Laut Verwaltungsgericht Hannover ist die Klage erfolgreich[2]. Sie ist als Verpflichtungsklage zulässig. Gründe für den Erfolg ist der bestehende Anspruch der Klägerin gegenüber dem Beklagten festzustellen dass sie die Zugangsvoraussetzungen für eine Ausbildung als Psychologische Psychotherapeutin erfüllt (§ 113 Abs. 5 Satz 1 VwGO). Der Bescheid vom C. ist rechtswidrig und verletzt die Rechte der Klägerin, er ist deshalb aufzuheben (§113 Abs. 1 Satz 1 VwGO).

Der bestehende Anspruch der Klägerin auf Feststellung, dass sie die Voraussetzungen für den Zugang zur Ausbildung als Psychologische Psychotherapeutin erfüllt, basiert auf § 5 Abs. 2 Satz 1 Nr.1 c) in Verbindung mit Nr. 1 a) des Psychotherapeutengesetzes in der bis zu 31.08.2020 gültigen Fassung.

Gemäß § 5 Abs. 2 Satz 1 Nr. 1a) PsychThG ist Voraussetzung für den Zugang zu einer Ausbildung zum/-r Psychologischen PsychotherapeutIn nach Absatz 1 eine im Inland an einer Universität oder gleichstehenden Hochschule bestandene Abschlussprüfung im Studiengang Psychologie, die das Fach Psychologie einschließt, und gemäß § 15 Abs. 2 Satz 1 des Hochschulrahmengesetzes der Feststellung dient, ob der/die StudentIn das Ziel des Studiums erreicht hat. Im Fall eines wie hier in einem Drittstaat absolvierten Studiums ist Voraussetzung für den Zugang zu der Ausbildung zum/-r Psychologischen Psychotherapeutin ein in dem anderen Staat erfolgreich abgeschlossenes gleichwertiges Hochschulstudium der Psychologie (§ 5 Abs. 2 Satz 1 Nr. 1 c) PsychThG. Das von der Klägerin in G. absolvierte Studium der Psychologie ist mit dem nach § 5 Abs. 2 Satz 1 Nr. 1 a) PsychThG geforderten Studium äquivalent.

---

[2] VG Hannover 17.11.2020, 5 A 2762/19, ECLI:DE:VGHANNO:2020:1117.5A2762.19.00

4.4 Diskussion

An diesem Fallbeispiel wird erkenntlich, inwieweit die rechtliche Norm der Zulassungsvoraussetzungen für die Ausbildung zum/-r Psychologischen PsychotherapeutIn im Einzelfall ausgelegt werden kann.

Der Klägerin wurde seitens des Beklagten die Zulassung für die Ausbildung zur Psychologischen Psychotherapeutin verwehrt. Laut Beklagten erfülle die Klägerin nicht die in §5 Abs. 2. Satz Nr 1 a) PsychThG geregelten Zulassungsvoraussetzungen. Ihr in der G. abgeschlossenes Hochschulstudium der Psychologie entspreche nicht einer in Deutschland an einer Universität oder gleichstehenden Hochschule bestandenen Abschlussprüfung im Studiengang Psychologie. Darüber wurde die Klägerin mittels eines Bescheids informiert.

Die Klägerin erhob daraufhin Klage gegen den Bescheid. Ihr Vorgehen begründete sie damit, dass sie ein Hochschulstudium der Psychologie vorweisen könnte, welches gleichwertig zu einem abgeschlossenen Psychologiestudium in Deutschland sei. Ebenfalls forderte sie eine Gleichwertigkeitsprüfung seitens des Klägers, wie es sich aus § 5 Abs. 2 Satz 2 PsychThG ergebe. Weiterhin beantragte sie, den Beklagten dazu zu verpflichten, festzustellen dass sie die Zugangsvoraussetzungen nach §5 Absatz 2 Satz 1 Nr. 1 c) erfülle.

Das Verwaltungsgericht Hannover sollte nun abwägen, wie die rechtlichen Interessen aller Beteiligten zu gewichten waren. Es sollte klären, ob die Klägerin die Zugangsvoraussetzungen für die Ausbildung zur Psychologischen Psychotherapeutin erfüllt, oder der Bescheid des Beklagten, welcher ihr Begehren verwehrt, gültig ist.

Das Gericht entschied, dass die Klage erfolgreich ist. Die Entscheidung hierfür beruht auf dem bestehenden Anspruch der Klägerin gegenüber dem Beklagten, festzustellen dass sie die Zugangsvoraussetzungen für eine Ausbildung als Psychologische Psychotherapeutin erfüllt (§ 113 Abs. 5 Satz 1 VwGO). Der bestehende Anspruch der Klägerin auf Feststellung, dass sie die Voraussetzungen für den Zugang zur Ausbildung als Psychologische Psychotherapeutin erfüllt, basiert auf § 5 Abs. 2 Satz 1 Nr.1 c) in Verbindung mit Nr. 1 a) des

Psychotherapeutengesetzes in der bis zu 31.08.2020 gültigen Fassung. Die Klägerin kann ein in einem Drittstaat absolviertes Studium der Psychologie nachweisen, welches mit dem nach § 5 Abs. 2 Satz 1 Nr. 1 a) PsychThG geforderten Studium gleichwertig ist. Sie erfüllt somit die Voraussetzung für den Zugang zu der Ausbildung zum/-r Psychologischen Psychotherapeutin.

5. Schlussbetrachtung

Ziel der vorliegenden Arbeit ist, die rechtlich geregelten Zulassungsvoraussetzungen für den Beruf des/-r Psychologischen PsychotherapeutIn näher zu beleuchten.

Zunächst wurde eine Einführung in das Psychotherapeutengesetz von seinem Inkrafttreten bis zu seiner seit dem Jahr 2020 geltenden Reform gegeben. Im nächsten Kapitel wurden die rechtlichen Begriffe, welche in den Paragrafen des Psychotherapeutengesetzes zu finden sind, definiert. Darauffolgend wurden die einzelnen Paragrafen des PsychThG abgedruckt und erläutert. Im Fokus standen dabei jene Paragrafen, welche sich auf die Zulassungsvoraussetzungen für die Approbation zum/-r Psychologischen PsychotherapeutIn beziehen.

Gemäß den Inhalten der gesetzlichen Rahmenbedingungen ist der Titel Psychologische/-r PsychotherapeutIn rechtlich geschützt. Nur wenn die entsprechende Ausbildung vorhanden ist, kann die Approbation beantragt werden und nach der staatlichen psychotherapeutischen Prüfung erhalten werden. Voraussetzung für die Ausbildung ist ein abgeschlossenes Masterstudium der Psychologie.

Ebenfalls festgelegt im PsychThG ist, dass PsychotherapeutInnen eine Approbation beantragen können, wenn sie die psychotherapeutische Ausbildung außerhalb eines EU-Mitgliedsstaates, eines EWR-Vertragsstaates oder der Schweiz abgeschlossen haben und in Deutschland psychotherapeutisch tätig werden wollen. An diese Gesetzesnorm anknüpfend wurde ein konkretes Gerichtsurteil herangezogen, an dessen Beispiel gezeigt wurde, wie die Prüfung der rechtlich geregelten Zulassungsvoraussetzungen für eine Ausbildung als Psychologische Psychotherapeutin im Einzelfall abläuft.

Die Bedeutung des Berufsbilds PsychotherapeutIn hat einen hohen Stellenwert in der heutigen Gesellschaft, da psychische Krankheiten und deren Heilung bzw. Behandlung zunehmend öffentlich thematisiert werden. Der/die PsychotherapeutIn geht einer verantwortungsvollen Arbeit in Form der Feststellung, Heilung oder Linderung von Störungen mit Krankheitswert nach.

Unter diesem Gesichtspunkt ist es wichtig, dass die Berufsbezeichnung PsychotherapeutIn gesetzlich geschützt ist, bestimmte Zulassungsvoraussetzungen beinhaltet und eine staatliche Erlaubnis zur psychotherapeutischen Behandlung von Menschen voraussetzt.

Literaturverzeichnis

Behnsen, Erika & Bernhardt, Andrea (1999): *Psychotherapeutengesetz. Erläuterte Textausgabe zur Neuordnung der psychotherapeutischen Versorgung.* Köln: Bundesanzeigerverlag.

Bundesministerium für Gesundheit (2019): *Moderne Ausbildung für Psychotherapeutinnen und Psychotherapeuten. URL: https://www.bundesgesundheitsministerium.de/psychotherapeutenausbildung.html (Stand: 23.09.2021)*

Deutsche Gesellschaft für Psychologie (o.J.): *Psychotherapie-Gesetzesreform: Infos für Abiturienten. URL: https://www.dgps.de/schwerpunkte/psychotherapie-gesetzesreform/#c632 (Stand: 11.11.2021)*

Deutsche Gesellschaft für Systemische Therapie (o.J): *Informationen zur Approbation, insbesondere zur Approbation als Psychotherapeutin/Psychotherapeut https://www.dgsf.org/themen/gesundheitspolitisches/approbation-1 (Stand: 2.09.2021)*

Drüge, M.& Schladitz, S. (2016): *Die psychotherapeutische Ausbildung aus Sicht der Ausbildungsteilnehmerinnen und -teilnehmer. Eine Befragung zu Veränderungsvorschlägen und der Einstellung zum Direktstudium.* In: Psychotherapeutenjournal, 3, S. 256- 262

Dunker, A. & Wenzel, F. (2016): *Die Psychosoziale Beratungsstelle als Schnittstelle zur Psychotherapie.* In: Schnoor, H.: *Psychosoziale Beratung in der Sozial- und Rehabilitationspädagogik, S. 57-65).* Stuttgart: W. Kohlhammer GmbH

Harfst, T. & von Wolff, A. (2016): *Schneller Zugang zur psychotherapeutischen Versorgung – die Reform der Psychotherapie-Richtlinie.* In: Psychotherapeutenjournal, 3, S. 232-242

Hölzel, H. (2006): Zur finanziellen Situation der Psychotherapeuten in Ausbildung: Ergebnisse einer internetgestützten Fragebogenstudie. In: Psychotherapeutenjournal, 3, S. 232-237

Jacobi, F. et al (2014): *Psychische Störungen in der Allgemeinbevölkerung.* Studie zur Gesundheit Erwachsener in Deutschland und ihr Zusatzmodul Psychische Gesundheit (DEGS1-MH). URL: *https://www.psychologische-hochschule.de/wp-content/uploads/2019/07/jacobi-degs-praevalenzen-nervenarzt_2014_incl-erratum.pdf (Stand: 07.12.2021)*

Kommer, D.& Hoppe, J.-D. (2003): *Vereinbarung zwischen der Bundesärztekammer und der Bundespsychotherapeutenkammer über den Wissenschaftlichen Beirat Psychotherapie nach § 11 PsychThG,* In: Deutsches Ärzteblatt, 12, S.572-573, URL:*https://www.aerzteblatt.de/archiv/39759/Vereinbarung-zwischen-der-Bundesaerztekammer-und-der-Bundespsychotherapeutenkammer-ueber-den-Wissenschaftlichen-Beirat-Psychotherapie-nach-11-PsychThG (Stand: 27.09.2021)*

Munz, D., Gott-Klein, N. & Klein-Heßling, J. (2020): *Nach langer Debatte: Am 1. September 2020 tritt die Reform der Psychotherapeutenausbildung in Kraft.* In: Psychotherapeutenjournal, 1, S. 40-45

Nübling, R. (2009): *Verankerung und Veränderung der psychotherapeutischen Versorgung seit dem Psychotherapeutengesetz – aktueller Stand und Ausblick.* In: Psychotherapeutenjournal, 3: S. 239–252.

Rautschka-Rücker, J. (2016): *Zur Problematik der Legaldefinition der Psychotherapie – Überlegungen zum Reformbedarf im Psychotherapeutengesetz.* In: Psychotherapeutenjournal, 3, S. 266-269

Ruggaber, G. (2003). *Drei Jahre Psychotherapieausbildung nach dem PsychThG – eine Zwischenbilanz.* Verhaltenstherapie & psychosoziale Praxis, 35, 37-42.

Strauß, B., Barnow, S., Brähler, E., Fegert, J., Fliegel, S., Freyberger, H.J., Goldbeck, L., Leutzinger-Bohleber, M. & Willutzki, U. (2009). *Forschungsgutachten zur Ausbildung von Psychologischen PsychotherapeutInnen und Kinder- und JugendlichenpsychotherapeutInnen. Im Auftrag des Bundesministeriums für Gesundheit.* URL: https://www.uniklinikumjena.de/mpsy_media/Downloads/Forschung/Endfassung_Forschungsgutachten_Psychotherapieausbildung.pdf

Vangermain, D. (2010): *Die (Reform-) Diskussion des Psychotherapeutengesetzes nach seinem ersten "runden Geburtstag": Ist das deutsche Psychotherapeutengesetz konkurrenzfähig und zukunftssicher? URL:https://www.dgvt.de/aktuelles/details/?tx_ttnews%5Btt_news%5D=2273&cHash=916be38e596daf5d3ea39c90ebd70333 (Stand: 1.10.2021)*